삐비꽃이 아주 피기 전에

이 도서의 국립중앙도서관 출판시도서목록(CIP)은 e-CIP 홈페이지
(http://www.nl.go.kr/ecip)에서 이용하실 수 있습니다.
(CIP제어번호: CIP2009001353)

실천시선
181

삐비꽃이 아주 피기 전에

김일영

실천문학사

차례

제1부

벙어리별	11
안개 속의 풍경	12
얼굴 없는 기억	14
성탄절	16
바다로 간 개구리	17
깃털이 죽지 않고	18
소리의 방 1	19
소리의 방 2	20
소리의 방 3	22
사철나무 그늘 안에서	23
젖이 큰 할머니	26
황도	28
웃음소리	30
삐비꽃이 아주 피기 전에	32
수평선	34
곰팡이	36

무덤 위로 별이 뜰 때	37

제2부

함께 우는 섬	41
숨비 소리 1	43
숨비 소리 2	45
숨비 소리 3	46
달과 어미 개	47
장화를 갖고 싶어	48
가을 숲 속에서	52
옹이는 썩지 않는다	54
먼저 와 있는 날	55
건전지	56
지팡이	57
모자(母子)와 가지	58
남아 있는 불빛들	60

십이월	62
화단은 내게	63
국립의료원 영안실	64
오후 공원	65
가지는 놓친 무게만큼 더 흔들리고	66
오후의 아스팔트	68
김치찌개를 기다리며	70
아우라지 물줄기처럼	72

제3부

명자꽃─트로트를 위해	77
난파하는 오디오	79
소리의 방 4	80
소리의 방 5	82
소리의 방 6	83
소리의 방 7	84

소리의 방 8	85
닫힌 방	86
조약돌	87
습	89
왜 알 것만 같은가	90
남겨진 양은 세숫대야의 습관	91
풀들의 오솔길	92
직박구리의 선물	93
우물 밖에는 지금	94
얌전히 뜬 달도 깨끗이 씻어 걸고	95
해설 이명원	97
시인의 말	113

제1부

벙어리별

나뭇가지 움트는 소리에 잠이 깨기도 합니까
누군가 웃고 간 듯 공기가 간지럽습니다
밤새 흔들리던 꿈의 흔적을 털어보지만
기다림까지 털릴까 조심스럽습니다
생각이 팔려 돌아올 수 없던 날들
그 계절에도 봄이 오나요
낙엽 없이 가을이 졌고
기다리지 않아도 눈이 내렸습니다
바람이 다친 짐승 같은 강둑을 일으켜
먼 곳으로 데려가고
눈 내리는 강변을 손을 불며 걷다가
별빛이 언 강에 떨어져 깨지는 것을 보며 울었습니다
그러나 떨어진 별의 자리에 또 별은 돋고
별들은 아직 저마다의 거리만큼 빛이 납니다
그리움의 거리만큼 여전히 말이 없는 그대
눈동자에 그림자 하나 지나갑니다

안개 속의 풍경*

우리는 바람이 불지 않아도 떠도는 낙엽
안개를 건너며 너는
찬밥 같은 내 손에 입김을 쥐여주며 물었어

바다를 떠돌다 만난 나뭇잎들은
너무 깊이 젖어 있어 서로를 부를 수 없겠지

돌아갈 수 있는 것들은
눈동자를 가진 것들뿐
안개 밖을 보던
최후의 눈동자에 물기가 배기 전
바다를 건널 수 있을까

죄 없이 죽은 숨결처럼 바람도 없이
안개는 누구를 위해 바다를 숨겨두는 것일까

추억이 있는 것들만 눈을 가진 안개 속에서

우리를 데려가는 것의 뒷모습은 보이지 않고
이제 언 손을 어디에 두어야 할까

그러나
우리는 바람이 불지 않아도 떠도는 낙엽
안개가 걷히면 가라앉을 낙엽

---

* 테오도로스 앙겔로풀로스(Theodoros Angelopoulos)의 영화 제목.

얼굴 없는 기억

마당에 고인 물속 하늘이 할머니 치마색 같아요
 물은 누군가를 담고 싶은지 정오의 햇빛을 견디고 있어요
비가 그친 지 한참인데

문을 닫지 마세요
날이 저물어도
고인 물이 달빛을 삼키며 스스로 빛을 만들고 있어요

내 가슴팍을 자꾸 토닥거리지 마세요
마당 건너 파도 소리가 거기 녹음되고 말겠어요

오늘 밤도 오줌발 세우는 꿈이
팽나무 가지에 걸려 있으면 어쩌죠
별은 아침이면 어디로 가나요
저 올빼미 울음소릴 지워주세요

베란다 문을 닫아 벽을 만들어야겠어
눈을 감으면 간신히 어둠을 밀어낸 백열등 아래서
내 가슴을 토닥이며 내려다보실 건가요

보리와 옥수수를 익히는 햇빛과 함께
문밖에 다가와 얼굴 없이 서 계시는군요

성탄절

요강에 늙은 어미 오줌 누는 소리
살얼음 되어 깔리고
근처에서 사육되는 식용(食用) 개가 운다

사내는 마리아 닮은 탤런트를 눕히고
묵은내 나는 이불에 담겨 자위를 한다

두 발로 걷게 하시고
손과 손가락도 주시어
스스로를 위로하도록 하셨음일까

홀로 뭉친 눈덩이 아무도 몰래 버려지고
저 많은 밤하늘의 구멍을
울음소리로 하나씩 메우며
개가 운다
먼— 먼— 하며 운다

바다로 간 개구리

창자가 흘러나온 개구리를 던져놓으면
헤엄쳐 간다
오후의 바다를 향해
목숨을 질질 흘리면서
알 수 없는 순간이
모든 것을 압수해갈 때까지
볼품없는 앞발의 힘으로
악몽 속을 허우적거리며
남은 몸이 악몽인 듯 간다
잘들 살아보라는 듯 힐끔거리며 간다

다리를 구워 먹으며
아이들은 무럭무럭 자라
도시로 헤엄쳐 갔다

깃털이 죽지 않고

간절히 손을 내밀지만
저 주검을 끌어당겨줄 바람은
오지 않는다

타이어는 짓밟힌 새를 거듭 짓밟고 가지만
솜털 깊숙이 기억된 항로가
바람을 붙잡는다

아스팔트를 뽑아 일으키며 날아갈
바람의 씨앗,
깃털이 죽지 않고 손을 든다

소리의 방 1

지난밤에는
꿈자리까지 다 젖도록 비가 내렸다

담 너머 옆집 개가
일찍부터 낑낑거린다

아침이 슬금슬금 지나가고
건물 틈,
접은 손수건만 한 하늘에
구름이 지나갈 뿐인데

왜일까—
어린 개는 잠시 울음을 그친다
자전하던 몸 밖으로
모든 것들이 잠시 주춤한다

소리의 방 2

베개 위에 사내의 머리가 누워 있다
베개는 둘 머리는 하나
베개 위에 내가 누워 있다
나는 베개 위의 나를 바라보고 있다
두 베개 위에 한 사내의 머리가 누워 있다
나인 듯도 한 사내의 머리가 누워 있다
어둠 속에서
비어 있던 베개 위에 누군가 모로 누워
눈 감은 사내를 바라보고 있다
어디서 본 듯도 한 이가
옆 베개에 누워 눈 감은 나를 바라보고 있다
누굴까—
눈을 떠야 하는데—
소리가 되지 못한 메아리만 새까만 방을 떠돌고
눈을 떠야 하는데—
하수구에서 튀어나온 검은 고양이가
내 눈과 목소리를 물고 사라진다

귀만 남는다

소리의 방 3

어둠이 하도 짙어
불을 켜야 잠들 수 있는 밤
비가 온다

칠판에 분필 튀는 소리

글씨들을 읽고 또 읽는다
어두운 벽 아래 쭈그리고 앉았을 풀들의
소곤소곤 킥킥대는 소리까지 읽힌다
여지없이 빗방울이 날아가고

내일은
풀들의 이마에서
햇살이 튀어 오르는 소리

사철나무 그늘 안에서

사철나무 아래
버려진 냉장고가 비석처럼 서서
대문 쪽을 바라본다

깨진 병 조각들이 얼음처럼 떠 있는 마당에는
그늘 삭는 냄새가 난다

나는 그레이드 라일락 향의 길을 따라
어둠이 새까맣게 기어 다니는 방에서
무덤인 듯 시간도 없이 잠을 잤다

가끔 벽을 뚫고 고함 소리, 물건 부서지는 소리
소리들이 사라져도 쉼 없이 늙어가는 그녀는
종이며 버려진 전자제품의 고용인이다

그녀 꿈속에 다녀오는 밤은
내 몸에서도 그늘 낳는 냄새가 났다

매연이 담긴 이슬, 사철나무 잎 위에서 숨죽이고 있을 때
나는 그레이드 라일락 향을 마당에 뿌린다
엉킨 꿈속으로 리어카를 따라간 그녀가 돌아오기 전에

냉장고가 오늘은 비를 맞는다
먼 데 있던 추억이 찾아오는지 낯빛이 좋다

벽 너머 그녀의 인기척이 사라진 것은
라일락 동산에서 보리를 뽑아
바람을 키워야 하기 때문이다

공단을 건너온 바람이 싱싱한 라일락 향을
더러운 마당에 내려놓고 가고는 한다

향기가 다하고 나면 그녀가 돌아올까
나는 이제

시멘트 화단에 갇힌 사철나무 그늘이 주인인 이 집에서
향기를 뿌리지 않아도 잠들 수 있지만
오늘은 햇빛이 버린 골목길을 거닌다

젖이 큰 할머니

전단지를 돌리는 아줌마는
지하도 입구에서 머뭇, 할머니를 빈손에 보내고
홀로 차창 밖을 걸어가시는 할머니
희끗한 머리, 몸뻬 위에는 탁한 가을 햇빛뿐인데
아직 아기를 업은 듯 보도블록을 밟으며
뒤춤에 두 손을 맞잡고 걸어가시네
잘 익은 참외 두 개 가슴으로 서리한 듯, 젖이
아직 아기의 입을 기억하고 있는 젖이
젊어선 어미 잃은 아기
한둘은 더 먹이고 남았음 직한 젖이
땅에 떨어질 듯 불안하네
젖 때문인지 몸 안 깊숙한 곳에서 갈증이 일고
예리한 직립의 빌딩이 제 그늘을
할머니 등 위로 몰래 올려놓네
젖이 큰 할머니 아기를 업었던 등은 아직 훈훈한데
지팡이도 없이
정체된 영등포 로터리를 건너가는 오후

첫애 업고
밭둑길을 가로질러 장터에 가던 걸음으로
지루해진 이 도시를 업고 가시네

황도

감기 든 조카 먹일 죽거리와
깡통 하나 무심히 사 들고 돌아오는 길
아파트 사이에 달이 떠 있다

내가 조카만 했을 때
가망 없는 병을 수술한 아버지를 보러 갔었지
부러진 갈대처럼 사그락거리며 앉은 침대맡에서
황도 깡통을 물끄러미 쳐다보았다

한 숟갈 떠 넣으시다 말고
내 입에 한 조각 한 조각 넣어주시던
하얗고 마른 손

아버지는 빈 깡통처럼 가셨고
오늘은 열에 들뜬 조카의 작은 입에서
황도 과육이 눈부시게 녹아내린다

누군가 어둠 속에서 물끄러미 밤하늘을 보는지
보름달이 한 숟갈씩 기울어가고

웃음소리

이제 어머니도 덜 그리울 나이
이불 속 부비던 발가락으로
장난하던 형과 누이들은 지금쯤
제 식구들 토닥이며 잠을 청하려나

침침한 불빛 아래 글자를 따라
낯익은 언덕에 밤 깊도록 누웠다가
마음 건드리는 기척에 놀라
마루에 나와 선다

문밖으로 나간 불빛 안에
봉숭아 줄기와 노는 애기바람,
잠들지 않고도 얼마나 따뜻하냐고
우두커니 선 내 그림자
화단으로 파고든다

처마부터 시작된 하늘 가득

어깨가 닿을 듯 소란한 별들
조용해져 내려다본다
서둘러 방문을 닫고 불을 껐지만

어깨를 부딪친 별들의 웃음소리
마당에 멍석처럼 깔리고
봉숭아들 그 위에 씨를 뱉는다
나는 귀뚜라미 소리 덮고 누웠지만
문밖에 눕혀둔 그림자와 함께
늦도록 몸을 뒤척인다

삐비꽃이 아주 피기 전에

햇빛들이 깨어져 모래알이 되고
조개들은 그 빛의 알갱이로 집을 지어
파도에 마음을 실어 보냈다가
다시 불러들이던 섬

밥 묵어라
어둠이 석양 옷자락 뒤에 숨어
죄송하게 찾아오는 시간,
슬쩍 따라온 별이
가장 넓은 밤하늘을 배불리 빛내던

달빛 계곡 꿈을 꾸면
쪽배가 저보다 큰 텔레비전을 싣고
울 아버지, 하얗게 빛나는 이빨 앞장세워 돌아오듯
이제 다친 길을 어루만지며 그만 돌아와
삐비꽃이 아주 피기 전에

여린 삐비꽃을 씹으며
애들 소리 사라진 언덕에 앉으면 석양은
머리가 하얀 사람들 애벌레처럼 담긴 마당에
관절염의 다리를 쉬다 가고
빚으로 산 황소가 무릎을 꺾으며
경운기 녹슬고 있는 묵전을 쳐다보는 곳
그대가 파도 소리에 안겨 젖을 빨던
그 작은 섬으로

수평선

컵에 가득 채워진 물처럼
수평선이 아슬한 수위를 견디고 있더군요
발을 담그면 넘쳐버릴 것 같아
바위만 조심스레 밟으며 돌아갑니다

돌아오는 길에
나를 따라오던 갈매기 소리 한 장 떼어내
울음처럼 짧은 편지를 씁니다

어둠은 산 너머에서 익어가고
달은 이번 보름도 기다리겠지요
저를 따라온 흰 물결이
피난민들처럼 북적거릴 때
달은 기다리겠지요
봄 기러기 울며울며
식구들 두고 건너간 곳
갈매기 날아올라 넘겨다보던

젖먹이네 창가를
아픔은 열꽃을 피우고 지나가도
보름달은 기다리겠지요
단면(斷面)만 두고 떠난 반구(半球)를

이제 한 방울의 눈물에도
넘쳐버릴 것처럼 수평선이 보여요

곰팡이

오래 견딘 자리가 먼저 금이 갔다
어둠은 어김없이 젖은 부위를 놓치지 않았다
벽지에 그려진 검은 대륙에는
해가 뜨지 않는다
바람도 꽃씨 날지 않는 대륙을 버렸다
검은 토양만이 선명하게 빛날 뿐
이 집에 오래 살아온 노인은
대륙이 분양시킨 열도를
손등이며 얼굴에 찍고 다녔다
볕이 오래 머물던 자리에
구겨진 몸을 기어코 널어보던 노인,
오늘은 아침을 문밖에 세워두고 기척이 없다
아이들마저 떠나버린 집에서
파도 소리를 들어주느라 잠을 설친 것인가
이 마을의 파도 소리는 덜 서럽다
파도는 지금 잠든 아기 숨소리를 내고

무덤 위로 별이 뜰 때

해풍이 달래줄 내 무덤 위로 별이 뜰 때
무덤 위 잔디 한 잎 손 흔들어주거든
따스운 꼬리 조금 남기고 갔으면
풀잎들 어둠을 마시며 울지 않도록
다독여 재우고
솔가지에 간신히 걸린 산비둘기집 새들이
잠결에 어미를 찾지 않도록
솔가지에 기대는 바람도 달래줬으면
갯바위에 한꺼번에 붙은 따개비들
소리 내며 바닷물 말리는 밤에
늦게 켜진 불빛이 번지거든
내 낮은 무덤 위에 얼굴을 묻어도 좋다
아직 다 가져가지 못한 온기로
가슴을 적셔주고
이른 햇살에 눈이 부실 때
바람에 실려 가거라
다시 돌아오겠다는 말 없어도 좋다

빡빡머리 강아지풀 고개 끄덕이거든
우리 다시 만나 또 하나 꿈을 꾸기를
내 마지막 인사는

제2부

함께 우는 섬

불에 달군 쇠처럼 번쩍이는 바다 위에 녹아 흐르는 배들이
민들레 홀씨들을 싣고 사라진다
다시 돌아오지 않겠다는 말은 하지 않았다

먼 섬 자락에 잘려진 길로 한 남자가 사라지고
남자를 따라간 길은 돌아오지 않았다
길 옆 무덤가에는 가을 한 조각이 몸을 말리며
체온을 잃기 전의 언덕을 추억한다

   우리 집 문틀은 너무 낮고 약해 대들보가 있었으면 좋겠어

누이는 사이다 한 병을 바가지에 부어 소년을 씻긴다
그래도 소년의 마음에선 고름이 흘러나오고
불빛은 오색(五色) 유리가시가 되어 방 안에 어지럽다

누이는

밤이 와도 모든 것들은 그 자리에서 네가 오길 기다릴 거라고

언제나 너와 함께 가는 풍경들, 함께 기다리고 함께 넘어지고

너의 눈물도 함께 흘릴 거라고

그것들의 울음을 함께 울어준다면

숨비 소리* 1

목숨의 깊이에 다녀온 어머니에게서 바람 비린내가 났다
썹던 밥알 서둘러 삼키며 고무옷 보따리를 받아 들었을 때
선주 몰래 건져온 휘파람 한 봉지를
간장 종지 같은 오누이 눈동자에 넣어주시며
어머니는 폐선 같은 얼굴을 껌뻑거리셨다
문밖에는 손이 곱은 바람이 언덕 위 검은 솔을 쓰다듬고 있었다
나도 이제 솔 아래 묻힌 누렁이의 안부를 물어서는 안 될까
김칫국물 같은 노을이 얼굴에 문을 때
바다에 던져 넣던 돌멩이는
아직 내 가슴에 가라앉아 있을까
내년에는 나도 죽는다는 말, 보고 싶다는 말
또 가슴 아프다는 말속의 돌멩이를 건져봐야겠어
조각배 부딪치는 소리 가슴 치는 것처럼 들릴 때

내 생각이 끊기기도 전에 누이는 문을 닫는다
오래전 바다로 끌려간 사람들처럼
다시 돌아올 수 없을지도 모를 생각들
어머니는 밥에 물을 부으시며
마지막 남은 휘파람을 우리 캄캄한 귀에 넣어주셨다

---

* 해녀들이 잠수 후 가쁜 숨을 고르며 내는 휘파람 소리.

숨비 소리 2

성게들이 작아 오늘은 일찍 불을 끌 수 있겠어요

몸을 열어 못생긴 혀들을 꺼내면서 우린
매생이처럼 파랗게 질린 기억을 만져보기도 했었다
죽은 것들은 왜 착한 것일까
그리운 것들은 왜 대부분 죽어 있을까
혀는 어떠한 말도 뱉지 않았다

오늘은 오래된 솜이불 냄새 속에
아무 기억도 들어 있지 않았으면 좋겠어
불을 끄고 귀를 닫았지만
절룩거리며 둥지로 날아간 새가
구멍 뚫린 날개를 덮어주며 아무 일 아니라고 지저귀고

안으로 삼키던 숨소리 창틈에 떨어져 울고 있었다
무엇하러 불러왔을까 휘파람 한 봉지
어머니 베개 위에 포개 눕던 달빛

숨비 소리 3

거기도 달이 떴어요
뜬금없는 질문에 어머니는 안 들리니 크게 말을 하라신다
거기도 날씨가 춥냐고요
쩌 앞 섬 욱에 뜬 달이 얼굴이 비칠 것맨치로 밝디밝다야

너도 졸업하면 벌어묵고 살 수 있긴 하지야—
내일이면 나도 잘생긴 휘파람 한 마리를 날릴 수 있을까

혼자 그러고 계시지 마시고 누이집에라도 와 계세요
얼마 못 버티시는 줄 알면서도…….
나는 기억에 넣어주셨던 휘파람 한 봉지를 돌려드린다

전생처럼 먼 전화기 저쪽에는 아직도 바람이 불고 파도가 치고 있을까
어둠 속엔 아무도 불러주지 않는 별이 바람에 떨고 있다

달과 어미 개

달빛 아래 배를 앓던 새끼들 무덤,
솜털 같은 잡초들 지워진다
다 견디지 못한 신음
위장을 빠져나와 달빛을 닦는다

울지 마—
어두운 빛까지 다 떨어내고 나면
오늘 뜬 맑은 달이
다라이에 저 닮은 알을 하나 낳는다

장화를 갖고 싶어

신발장 위 장화처럼 노란
아니면 구멍이 나서
빗물이 발가락 지문을 불려도 좋은
장화 한 켤레
그것도 아니면 한 짝만이라도

벽에 걸린 아버지 옷이 축축 늘어지는 방 안에서
사람들은 가지런한 이빨들처럼
둘러앉아 새끼를 꽜다
가끔 그들의 입에서 새소리가 삐져나왔다

끄윽끄윽 저 새소리 끄윽끄윽
그때마다 배가 고파
내 손을 놔줘요 아버지
아무 말도 들리지 않아
내 손을 놔요

비가 와요
도둑고양이처럼 지붕이 시끄러워요
마루 아래 널려진 신발들이 젖고 있어
저러다 흘러가버리고 말겠어요
들리세요 아버지 저 빗소리
배가 아파
내 손을 잡아줘

나도 태워줘
씨발년아 태워줘
다물어지지 않는 입 안의 알사탕을
아이들에게 나눠주며
행렬을 끌고 언덕을 넘어가는
아버지 꽃가마를 힘주어 바라보았다

어머니 우린 왜 밤배를 탔어
저 어둠의 바다를 지나면

아버지 등처럼 따뜻한 집이 있나요
뱃전에 부딪치는 물소리
저기에 내 발을 넣고 싶어

때리지 마세요
젖은 것은 내 가슴이 아니라
운동화일 뿐
배가 아파
배가 자꾸 두근거려

복도 창밖으로 아이들이
종이배처럼 떠나가고
장화를 신은 지영이의 노란 비옷이
물을 탄 듯 번지고 있어

장화를 갖고 싶어
웅덩이에 발을 넣어 그 속에

물컹하게 숨어 있을 아버지 체온을
밟아보고 싶어

가을 숲 속에서

나뭇잎들 떨어지는 무게가 아프다
흑백 초상화가 지켜보는
사진틀 밖에서도
어머니는 늘 해녀였다
검은 고무옷이
속살보다 부끄러웠다는
당신의 부은 손등 위에
어린 손을 얹으며
나무들은 나이테 속에
봄을 숨긴 채 겨울을 건너왔다
떨어진 날개 쪽으로 기운 몸 이끌며
방바닥 가로지르던 벌레의 행로를
기어코 당신은 묻지 않으셨다
바다마저 늙어 등 돌린 곳에서
마당의 잡초들 흔들리고
가을의 활엽수들 아름답지만
내가 서 있는 숲 속에

썩어 싹이 트는 나뭇잎의 이름을
소리 내 말하는 바람은 없다

옹이는 썩지 않는다

소나무는 썩지 않는 추억
들리지 않는 목소리가 아직 박혀 있다

오매 애기 떠내려가네—
다시마 실은 배가 나를 건져 올리던
마을의 바람 냄새와

멧비둘기 둥지와
조각달의 체온 만지던 저 자리는 썩지도 않고
오래 버려진 집 대들보에 그렁하게 박혀 있다

고속도로를 달리는 트럭에 누워
뿌리에 붙은 흙마저 떨어내며 달려가는 내게서
아직도 눈을 떼지 않는다

먼저 와 있는 날

묘지들 사이 참나무 잎
오후 볕으로 밝아 눈앞이 캄캄하다

누구는 없다고 하는
그곳 소리 들은 것만 같아
가만히 귀 기울이면
사람들 소리 저 너머에
귀뚜리 한 마리 희미하게 울고

오줌 눈 자리처럼
떨어지다 그친 나뭇잎들
단풍 능선 구겨 쥐고
어디 먼 곳을 가려는지
마른 몸이 가볍다

먼저 와 있는
내 고요한 어느 날

건전지

장난감에 넣을 건전지 사고 돌아오는 길
빵집에는
폐지라도 팔고 오는 길이었을까
할머니 손에 단팥빵 하나 들려 있다
내려놓지도
그렇다고 계산을 마칠 수도 없는 저 마음이
눈물 흘리는 모든 것들의 뒷모습 같다
있는 돈만 내라는 목소리에
할머니는 주섬주섬 빵을 품에 넣고
손수레 끌며 나선다
굴욕과 사나운 도로를 건너 돌아가야 할 방에는
해종일 혼자 켜져 있을 라디오
방전된 나도 따끈한 조카의 작은 손을
내 어두운 손 안에 끼워 넣고
어둠이 닥쳐오는 거리로 나선다

지팡이

노란 박스 테이프로
정성 들여 감겨진 지팡이

절뚝거리며
마저
걸어가고 있을
어두운 집

모자(母子)와 가지

식당 밖에는 고슬고슬 비가 내리고
태풍 끝을 따라나선 바람이
시장통 파라솔들을
흔들어보다 가고 흔들어보다 갑니다
마지막 파라솔 귀퉁이 아래는
아기 업은 여인과
머리털이 보드라운 젖먹이가
식당에서 얻은 감자로
늦은 점심을 먹습니다
여인의 무릎 아래에는
담뱃갑만 한 텃밭에서 따왔을
여남은 개의 가지가 종일 떨고
여인은 어디 아픈 곳이 없는지
가지들을 뒤집어도 보고
물방울을 몰래 닦아도 봅니다
젖먹이가 고개 젖히며 잠들고
어둠이 골목 귀퉁이를 돌아오고 있지만

가지는 누구의 손에도 따라나서지 않습니다
여인은 가지를 팔아
찢어진 젖병 꼭지를 바꾸려 했는지
아니면 늙고 병든 시어머니
진통제라도 몇 알 사려 했는지
발길 뜸한 이곳에 앉아
사람들 붐비는 대형마트에
자주 눈길을 보냅니다
어둠은 짙어지고
빗방울은 오래 내릴 작정인지 부슬부슬 내립니다
저 싱싱한 가지 한 개
뜨거운 가슴에 데쳐 상을 차려야겠습니다

남아 있는 불빛들

구멍가게 할머니는 등 뒤에 빈 선반을 세워둔 채 졸고
가로등이 별들을 지운다

오늘은 식당 반찬이 담긴 비닐봉지가
그림자와 함께 흔들리며 언덕길을 오른다
어깨 감쌌던 처마들 듬성듬성 자릴 비운 동네는
식당 설거지통처럼 어지럽고
깨진 유리창을 포장 테이프가 간신히 붙들고 있다

아침에 두고 간 온기(溫氣)는 어딜 갔는지
문 열고 들어서면
동네 사람들 겨울나무 가지 사이로 긴 여행을 떠나고
이젠 누구도 저녁밥 냄새를
함께 맡아주지 않는다

마음이 닫히기 전 스위치를 내린다
순식간 채워지는 어둠 저쪽으로

아파트 벽면에 몸이 잘린 달빛이 자리를 옮겨 눕고
담담하게 짐을 꾸리던 옆집 아이 얼굴이
종이 쓰레기와 어울려 밤새 동네를 쏘다닌다

돌아올 곳 없어도 기억들은 남는다고
뒤척이다 끝내 불빛 하나 보태고
청구서들마저 오는 길 잃어버린 봉천동
부서진 집들을 움켜쥔 어둠 속에서도
몇 개의 불빛들 아직 밝다

십이월

숟가락 하나까지 다 드러낸 까치집
까치가
산동네 집들을 둥지 틈으로 바라보고 있을 때

걸음이 피식 꺼질 것 같은 노인이
달력 두루마리 양쪽에 끈 묶어
괴나리봇짐 지고 언덕길을 오른다

지독하게 느린 걸음까지 노인이 다녀오는 시절
마을공동제사, 상봉신청기간
흠뻑 만져보지 못한 세월의 얼굴

건망증 앓는 걸음이
시절을 짊어진 노인을 태우고
산동네 계단을 간신히 오르고 있다
까치가 물끄러미 지켜보고

화단은 내게

 이슬비를 함께 맞던 날 화단은 내게 조금의 자리를 내주었지 그곳에 축축한 시간과 말라가던 구근 몇 알을 심었다 얼마 후 아침이면 내 입은 꽃잎 모양으로 벌어지곤 했다 몇 번의 폭우가 침묵을 깨울 때마다 빗방울이 뚫다 만 자리를 담배 필터로 메우곤 했다 여름을 키워낸 매미들의 울음소리가 빌딩들을 건너가고 철 지난 봉숭아 한 잎 누구도 밟지 않는 빈집 마당에 떨어져 어둠 속에 감춘 길이 열리는 순간, 처음엔 이곳에서 나는 떠돌이였다

국립의료원 영안실

　굴속 같은 계단을 내려서면 상모 쓴 얼굴들 긴 그림자 불빛 앞에 세운 채 담뱃재를 턴다 손바닥 펼치면 낮게 뭉개진 울음소리 들리고 입구는 비슷한 표정들로 분주하다 제 몸을 태우는 향냄새가 영정을 감싸 안는 사이, 호실마다 합칠 수 없는 슬픔들이 단단한 칸을 만든다 이웃의 슬픔에 관여해선 안 되는 것을 아는 사람들은 끝내 칸막이를 넘지 않고 떠난 사람이 놓고 간 기억들은 슬픔이 되기엔 너무 가까워 제각기 앉은 자리가 낯설다 머릿고기에 누군가 써놓은 젓가락 자국을 보며, 육개장을 다 비우는 동안, 슬픔은 기다리는 자들의 것임을 누구도 말하지 않는다 나는 건네받았던 기억을 나눠주고 허리를 펴고 나선다 흰 국화꽃 옆을 지나 지상을 향해 걸어나가면 온몸으로 가득 고여오는 불빛 낯설다

오후 공원

　걸음조차 제 것이 아닌 아기가 넘어져 공원 바닥을 품고 운다 울음소리 곁을 지나가던 노인이 벤치에 앉아 있다 버릴 게 더 남았는지 기억을 털어내는 동안 나무와 나무 사이에 침묵이 고이고 참새들은 둥치 큰 포플러 뒤로 숨고 간밤 떨어진 별빛을 받던 잎들이 파르르 햇빛을 털어낸다 새들 날개에 할퀸 하늘은 아직 파랗고 나무 위에 얹힌 노을이 차츰 무게를 더한다 아기 엄마는 아기 울음소리까지 함께 가져가버리고 노인은 난간 없는 다리 위를 걷듯 목발을 따라 아파트 숲 뒤로 숨고

가지는 놓친 무게만큼 더 흔들리고

시멘트 뚫는 포크레인 드릴 소리
오래된 대들보를 흔들고
운현궁 사랑채 마당에 떨어진 복숭아들,
가지는 놓친 무게만큼 더 흔들리고 있다
우리는 문간방 마루에 앉아
김밥 한 줄을 나눠 먹는다

연한 바람에도 소스라치게 흔들리며
땡볕을 쓸어내는 그늘 아래서
우리는 복숭아를 줍는다
소음과 땡볕이 바글거리는 마당을 견디며
내뿜는 향기가 애리다

카메라 든 사람들 두리번거리며
마당 가로질러 사라지듯
우리도 이 마당의 한때를 벗어날 수 있을까
손바닥에서 뒤척이는 복숭아들

나무 그늘에 묻으며
우리는 어디쯤 걸어나가고 있는 것일까
가난한 그녀의 손을 꽉 쥐어 고이는 땀에
해머 드릴이 열을 식히고, 녹슬어가고
허공을 밟듯 잊혀진 여름 같은 운현궁을 빠져나오며

오후의 아스팔트

우리가 콜타르 냄새 식욕을 몰아내던 무더운 거리에서 만난 건
많은 이들이 예리한 말들을 맡겨두고 돌아오지 않던 계절이었지
욕정이 이글거리던 도로를 사이에 두고 우리는 한참을 걸었죠
대일밴드처럼 질문을 붙여주며 당신은 무슨 표정을 지었던가요
응접실로 서로를 초대해주지 않던 날들은
허기와 함께 밀물이 되어 오가고
빌딩의 단면에 잘려 죽어가던 무수한 석양들

당신을 아스팔트 웅덩이에 남겨두고 돌아오던 그날 밤처럼
창밖의 어둠을 무너뜨리며 비가 오는데
무너진 틈으로 봄의 가로수들 한숨을 심는데
나의 도로 위에는 더렵혀진 경전이 뒹굴고 있어요

떨고 있던 가로등 아래서의 고백처럼 아직 사랑을 믿는다면
내 더럽혀진 계절에 당신의 부서진 홀씨를 심겠어요
언젠가 홀씨가 앉은 오래된 오후의 아스팔트에서
잠꼬대처럼 꽃 한 송이 피어날까요

김치찌개를 기다리며

오지 않는 버스를 기다리다
택시에 오르던 그녀는
돌아오지 않았다

정류장이 내다보이는 식당에서
맵고 짠 생김치를 썹는다
내 입맛엔 익은 김치가 익숙하다
김치찌개는 아직 덜 끓었을까

낙엽들이 흩어져 있던 그 길 위로
눈이 쌓인다
그녀가 서 있던 자리가 얼었는지
사람들 보폭이 짧다

싱싱하던 김치는
매미 울음소리 지겨워진 어느 날
내 저녁상에 오르겠지

그리움 또한 사랑이어서
골고루 짜지고 골고루 숨이 죽을 뿐
눈이 질끈 감기게 시어지도록
김치의 숙성을 막을 길 없다

다만 짠 반찬들로 풍성할 저녁상에
찌개 한 냄비 올려볼 참이다
신맛도 매운맛도 희석된 뜨거운 김치찌개를
온몸이 땀에 젖도록 삼켜볼 참이다

아우라지 물줄기처럼

어둠 속을 흘러온 물이
부둥켜안는 소리
로션도 안 바른 맨얼굴의 별들이
떨어져 살얼음의 강 수면을 깨뜨리는 소리
빛나는 것들은 어둠이 깊어
물드는 깊이만큼 빛나는데
저 맑은 어둠 속에 내 몸 묻으면 내게도
반딧불만 한 빛이 떠오를까
그 빛 따라 새벽까지 걷다 보면
이슬에 바짓단이 젖는 언덕,
따끈한 구들장을 품은 집들이
내려다보이는 그곳에 서서
슬픔으로도 갈라지지 않게 목청 다듬어
노래 한 곡 뽑아볼 수 있을까
때까치 소리 반주 삼아
아우라지 강물이 흐르는 소리로
고개를 숨긴 산들의 중모리장단으로

고이지 않기 위해 산과 마을을
아리랑 아라리 가슴에 묻고
아무렴 그렇지 낮게 흐르는 힘으로 흐르는
남한강 아우라지 물줄기처럼

제3부

명자꽃
— 트로트를 위해

1

입술이 붉던 명자를 배에 실어 보내고
모래알을 씹으며 봄이 가더라
붉던 입술 팔고 팔아 청춘을 다 보내고
명자는 무슨 색 꽃을 피웠다 지우고 있을까
내 피를 붉게 만든 명자야
네가 가고 내 심장이 붉다는 것을 알았다
청춘이 그때 시작되었다

2

울며 가던 명자에게 마음 실어 보내고
바람에 흔들리며 봄이 지더라
긴 편지에 적어 보낸 도시의 불빛들이
밤마다 내 마음에 꺼졌다 켜지고 또 켜져

내 피를 붉게 만든 명자야
네가 가고 내 심장이 붉다는 것을 알았다
세상이 그때 시작되었다

난파하는 오디오

모든 불빛들을 잃어버린 앰프는
비로소 제 성대를 울리는 소리를 얻었다

난파하는 오디오, 검은 바다의 조난자

오래된 기계 앞에서
아직도 등대를 기다리는 이들은
한 척의 새 구명정을 건조해야 한다

그러나
해안의 햇볕에 정박하는 것들은
페트병, 스티로폼 조각, 그리고 부표들이다

소리의 방 4

사내의 뒷모습이 내 머리 위에 앉아 있다
사내의 야윈 뒷모습이
머리 위 욕실에 쭈그려 앉아 있다
나는 아슴한 잠의 베개에 누워
어둠 속의 사내를 바라본다
사내가 구슬 목걸이를 풀어버리듯
수돗물을 후두둑 떨어뜨리다 들킨다
소리 몇 방울이 내 이마를 구른다
내 시선에 놀란 사내는
변기 물 새는 소리 틈으로 사라지고
사내인 듯한 나만 어둠 속에 누워 있다
무엇을 씻으려 했을까—
머리를 찾지 못한 질문과 나는
물방울 소리 안에 갇히고
세탁기 속 사내의 옷들이 구겨지고 있다
변기 새는 물소리는 귀처럼 닫히지 않고
구석진 어둠 속 젖은 영혼 하나가

물방울 소릴 받아 적고 있다

소리의 방 5

베란다로 들어온 신발 끄는 소리

깨어난 바깥은 아직 낯설고
내 체온이 옷자락을 잡아끈다

뭉개진 꽃들
서둘러 베란다 너머로 사라지고

무심하자
나를 두드리던 손길도 사라지고

반쪽인 나는
반쪽을 끌고 가
문을 닫는다

소리의 방 6

금 간 벽 뒤에서 들리는 낯선 소리,
주위로 어둠이 두꺼운 벽을 쌓고
나는 형광빛에 갇혀 있고
벽 속에, 공기 속에
몸을 숨긴 숨소리
저들의 시간을 깔고
저들의 숨소리를 덮고
어둠이 풀리면
저들은 저벅저벅 걸어 나와
이 집 아침상을 차릴 것처럼
금 간 생각 뒤에서 들리는
생생한 숨소리

소리의 방 7

모기가 뚫어놓은 소리는 메워지지 않는다

잠은 멀어지고 소리 주위로
떡갈나무 서 있는 초원의 양 떼가 모여든다

잎 진 떡갈나무와 병든 양들과
비만한 구름 걸린 목책(木柵)을 소리의 구멍이 빨아먹
는다

캄캄한 구멍 속을 들여다보면
거대한 강이 흐르고 있다

소리의 방 8

또각또각
어둠을 깎는 구둣발자국
고막의 계단을 올라와
열쇠 집어넣는 소리
찬바람 지나가는 소리
녹슨 지퍼를 열고 들어와
어긋난 숨소리 받아 적는 소리
글씨들 틈에 가늘게 누운 나는
못생긴 목소리 하나 꺼내
머리맡에 놓아둔다
눈을 뜨면 너는 없고 나는
글씨들 사이 오래된 공터에
너를 만나러 갈 목소리를 방목한다

닫힌 방

배추흰나비 한 마리
개망초 꽃대들 사이로 사라지고
날개가 밟고 간 공중을
물끄러미 바라보면
잃어버린 길이 희미하게 보인다
개망초가 짓밟히며 지는 이곳은
닫힌 방

조약돌

옆집 새댁 아침 짓는 소란, 잠 못 이룬 내 공복을 깨울 때
어느 창일까

창복아, 내 새끼야 에미만 두고…… 에미만 두고…….

속에서 하도 오래 굴러 조약돌이 다 된 울음소리, 끊어질 듯 얇은 귀를 적신다
내 것이 될 수 없는 먼 방의 울음을 해독하고 있는 내 귀는 아직 잠들지 못하고 아침이 안개맛처럼 쓰리다

울음소리 잦아들고 옆집 새댁 아침상 차리는 소리, 내 어둑한 방에 작은 상을 놓고 간다
공기마저 젖어 있을 늙은 여인의 방에도 차려졌을까
근처는 잠시 기도라도 하듯 고요하고

문을 열었을 때
깨진 마당에 웅크린 늙은 도둑고양이 한 마리

대문 밖을 향해 귀를 세우고 있다

습

있는 힘껏 흔들리겠다는 다짐 쪽에서
겨울이 온다
서로의 어깨에 기대 새들을 부르면
마음이 기운다
기울어 눕는 곳,
젖어 있는 생각 어디쯤인가
대륙을 건너온 새들은
지친 날개 그늘 밑에 알을 낳는다
거기 언 귀를 대면
새들의 따뜻한 항로가 들린다
살아 있는 것들은
바람 속에서 태어나 바람 속에서 죽어가고
날개들은 바다 건너
눈 내리는 소리를 듣다가
또 바람이 불 때
저도 모르게 흔들리며
시린 눈을 맞는다

왜 알 것만 같은가

　내놓은 쓰레기 봉지 같은 뒷모습을 지켜보던 감나무의 심정까지 가보진 않았으나 나무가 왜 노을처럼 붉은 열매를 새들에게 나눠주는지, 나뭇잎들을 떨어내는지, 왜, 마당을 쓸어보지 않아도 알 것만 같은가
　사내가 이슬 젖은 마당을 쓸다 말고 아이들의 뒷모습을 마지막으로 배웅하던 눈빛을 읽어본 적 없지만, 왜 난 그 눈빛 속에서 오래 살아온 것만 같은가

남겨진 양은 세숫대야의 습관

외양간 쇠똥 냄새도 떠나고 없다
키 큰 개쑥이며 도둑풀이
발꿈치 들고 넘겨다보는 동구 밖에는
먼지 거느린 덤프트럭이
옆 산을 옮기는 중이다
토도독— 소나기 떨어진다
한 방울이라도 더 모으기 위해
세숫대야는 찌그러진 몸을 힘껏 편다
밭에서 노을처럼 익은 얼굴과
계란 같은 아이들 씻기던 습관으로
녹슨 달도 씻기고
저 혼자 익은 감도 여기 봐— 비춰주고
개구리도 놀다 가라고
모기들 바글바글 태어나
허물어져가는 이 집의 고요를 깨워달라고
텅 빈 속으로 울면서 빗방울을 받아내고 있다

풀들의 오솔길

밤새 베갯잇을 적신 풀들의 오솔길을 지나면
두꺼운 고요의 마을이 있다
사람들 표정이 쉽게 읽히지 않지만
그들이 물속을 거닐듯 지나치는 돌담은
화석이 된 웃음소리가 쌓여 있는 것이다
새들도 무거운 몸을 어쩌지 못해
빈 나무에 홍시로 매달려 있다
노을에 흡수될 때까지—
연초록 물감이 엎질러진 풀들의 자리를 만지면
오래도록 지울 수 없지만
말랑말랑한 웃음들이 마을에 뒹굴던 때를 생각하며
아무도 품지 않는 돌 하나 들고 돌아온다
난 그 오솔길과 마을을 눈을 뜨고도 읽을 수 있다
수없이 갔다가 혼자 돌아오던,
산머루도 나를 눈여겨보지 않던 그 길에서
손 안의 돌은 바람 되어 날아가고
길은 잠시 나를 놓아준다

직박구리의 선물

이른 아침,
숲 아래 있는 내 방 근처가 시끄럽다
직박구리 한 마리 무엇인가 물고 시끄럽다
먼 곳에서 보내온 장난감을 친구에게 자랑하듯
소나무에 앉았다가 전선에 앉았다가
아침이 새의 활기로 어수선하다
한 마리는 전봇대에 앉아
부산한 자기 짝을 점잖게 지켜본다
나는 맛있는 먹이라도 얻은 것일까 집중해 바라본다
그것은 작년 가을쯤에 떨어졌을 참나무 잎 한 장,
저 새가 입에 문 나뭇잎을 내게 선물한다면
어디에 쓸까 생각해보는 아침
노인들만 가득한 마을,
낡은 슬레이트 지붕에서 푸짐한 연기가 오른다

우물 밖에는 지금

저 높은 우물 밖에는 새들이 공중으로 튀어 오르고
이 산 저 산 나무들 자리를 옮기며 뿌리를 담근다
구름은 몸을 흩어 눈물을 짓고
자릴 비운 하늘이 축축해
풀들의 웃음소리로 언덕이 부풀어 오르는 곳
날 선 모서리를 가진 것들은 스스로 다친 상처를 다듬고
서로 땀을 닦아주는 개쑥들이
간질간질한 마음을 도랑물에 띄우는 곳
이웃집 굴뚝 연기 사이
서늘해지는 가슴들
새벽이면 온통 제 얼굴을 드러내는 곳
우물 밖에는 지금 달빛이 부서져 내리고

얌전히 뜬 달도 깨끗이 씻어 걸고

가지런히 늙은 고무신도
냇물에게 배운 말들도 두고 가야지
어둠으로 건너간 산에서
소식처럼 새가 울고
눈송이 서너 개 생각난 듯
마음씨 좋게 내리는데
동네 개야 짖지 마라
내 걷던 길마다 포개진 발자국들
길을 묻는데 개야
그리 서운하게 짖지는 마라

어느 집 구들이 소문 없이 데워지는지
마른 솔 연기 동네를 떠돌 때
둘 곳 없던 마음 차곡차곡
앞닫이에 개어 넣고 그러다
홍시 같은 추억이 물렁하게 만져지면
헛기침 한번 해보고

그래도 울렁거리면
아랫목에 데운 시선 내다보는 척
마당 곳곳에 나눠주고 나면 그치겠지
문틈으로 기어이 들어오는 찬바람도 그땐
밉지 않다 말해주어야지

해설

이명원 문학평론가

말랑말랑한 귀
―김일영 시의 특이성

한국의 현대시가 소란스러웠던 것은 잠깐이었다. 시를 음미할 수 없는 자들이 낡은 말풍선을 불어대며, 시의 그 근원적인 초월지향과 서정성을 야멸치게 능멸했던 세월이었다. 이제 그들은 간 곳 없다. 그것이 오늘의 날렵한 현대시의 편협성이었다는 것을 그들도 알기 바란다. 현실과 기호는 다른데, 그들은 말들의 현실 속에서, 현실의 육체를 유기했다. 그래서 또 한 번 (신이 아니라) 시는 뒷걸음질 쳤다. 그런 풍경 앞에서 오래도록 침묵한 것이 아니라, 낮은 휘파람을 불던 시인들도 있었을 것이다. 껍데기는 껍데기이고 알맹이는 말랑말랑한 것이다.

여기 등단 6년 만에 첫 시집을 내는 김일영의 시는 '귀'로 만져야 할 작품들로 가득하다. 어떤 이는 말할 것이다. 시를 귀로 만지다니, 들어야 하는 것 아니냐. 그러나 천만에. 김일영의 시가 뿜어내는 감각적 특이성은 귀로 만지는 것이 시라고 하는 그 형언하기 어려운 지각의 모순적 공감각에 있다. 물론 그 귀가 그저 말랑말랑한 것은 아니고, 그 귀가 만지는 소리가 부드러운 것은 아니다. 그의 시에는 죽음이 범람하니까. 섬은 안쪽에서 울음을 보여주고 있으니까. 염천의 아스팔트조차 가쁜 숨결로 충만하니까. 그러니까, "밤새 베갯잇을 적신 풀들의 오솔길을 지나면/두꺼운 고요의 마을이 있다"(「풀들의 오솔길」)는 시인의 개별화된 심상지도를 따라, 나는 그 말랑말랑한 '귀'를 만지는 일의 시적 특이성에 대해 말하고자 하는 것이다.

고백이 없을 수 없다. 시인 김일영과 나는 서울에서 우연히 만난 비교적 오랜 친구다. 거기에는 이유가 없을 수 없거니와, 알고 보니 그는 나와 동향이었다. 전라남도 완도군 금일면 차우리가 내게 '기억에 없는' 유년의 집이었다고 한다. 그 섬은 '금당도'였는데, 그는 바로 옆이라고 할 수는 없으나, 거기서 거기인 '생일도'가 고향이다. 그 옛날 호남의 아버지들이 모든 아들들의 호적을 기묘한 이유로 서울로 바꿨을 때, 남도의 그 작은 섬들은 조금 고적해졌을 것이다. 섬놈들이 서울에 와 깨우친 희망과 절망이 무엇인지는 명료히 알 수 없다. 그러나 동그란 섬의 수평선을 넘는 일은 시인에게 "목숨을 질질 흘리면서 / 알 수 없는 순간"과 교접하는 일처럼 느껴졌던 것 같다.

    창자가 흘러나온 개구리를 던져놓으면
    헤엄쳐 간다
    오후의 바다를 향해
    목숨을 질질 흘리면서
    알 수 없는 순간이
    모든 것을 압수해갈 때까지
    볼품없는 앞발의 힘으로
    악몽 속을 허우적거리며
    남은 몸이 악몽인 듯 간다
    잘들 살아보라는 듯 힐끔거리며 간다

    다리를 구워 먹으며

아이들은 무럭무럭 자라
도시로 헤엄쳐 갔다

　　　　　　―「바다로 간 개구리」전문

　창자가 찢긴 개구리가 "헤엄쳐 갔다"고 말하지만, 그 어조의 아이러니한 반전에도 불구하고, 시인이 섬을 떠나올 때, 수평선의 눈금으로 쟀던 말랑말랑한 말들은 기묘하게도 이런 슬픈 욕지기였을 것이다.

나도 태워줘
씨발년아 태워줘
다물어지지 않는 입 안의 알사탕을
아이들에게 나눠주며
행렬을 끌고 언덕을 넘어가는
아버지 꽃가마를 힘주어 바라보았다

어머니 우린 왜 밤배를 탔어
저 어둠의 바다를 지나면
아버지 등처럼 따뜻한 집이 있나요
뱃전에 부딪치는 물소리
저기에 내 발을 넣고 싶어

　　　　　　―「장화를 갖고 싶어」부분

　이 시에서의 슬픈 욕지기는 애매하다. 죽은 아버지가 내뿜는 것인지, 아니면 아버지의 죽음 때문에 시적 화자가 내뱉는 것인지, 그것도 아니라면 아버지가 어머니나 또 다른 여인의 죽음 앞에서 절규하는 것인지 알쏭달쏭한 것이다. 그러나 분명한 것은 "나"와 "어머니"는 "장화"를 잃었다는 사실. 그 장화는 의미론적으로 보자면, 떠나온 '섬'이고 '집'이고 '아버지'로 상징되는 근원적 고향일 것이다. 사실 시적 은유에서 가장 큰 장화는 어머니—자궁임이 분명한데, 우리가 어머니의 자궁으로 귀환할 수 없는 것처럼, 시인에게 섬으로의 귀향 역시 기약할 수 없다는 것을 암시하는 슬픈 연혁(沿革)일 것이다.

 섬에서 도시로 나온 사내에게는 어떤 일이 있었나. 그가 떠돌이처럼 섬에서 나와 대면하게 된 것은 "콜타르 냄새 식욕을 몰아내던 무더운 거리"(「오후의 아스팔트」)가 자못 강렬한 감각으로 남아 있다. 사실 그 "식욕"으로 변용된 말의 의미론적 고향은 여름의 '성욕'일 것이다. 그러나 도시는 시인에게 "허기"만을 채울 뿐이다. 게다가 도시는 "더러운 경전"이며 싸늘한 "빌딩의 단면"처럼 창백한 공허에 불과할 뿐이다.

 물론 시인에게 희망이 없는 것은 아니었고, 「오후의 아스팔트」를 읽다 보면 사랑이 아스팔트에서도 꽃필 수 있다는 몽환적 기대를 낳게 하기도 했던 듯싶다.

  우리가 콜타르 냄새 식욕을 몰아내던 무거운 거리에서 만난 건
  많은 이들이 예리한 말들을 맡겨두고 돌아오지 않던 계절이었지
  욕정이 이글거리던 도로를 사이에 두고 우리는 한참을 걸었죠
  대일밴드처럼 질문을 붙여주며 당신은 무슨 표정을 지었던가요
  응접실로 서로를 초대해주지 않던 날들은

허기와 함께 밀물이 되어 오가고
빌딩의 단면에 잘려 죽어가던 무수한 석양들
—「오후의 아스팔트」부분

　도시에서의 사랑 역시 여의치 않았던 듯하다. "응접실로 서로를 초대해주지 않던 날들은" 밀고 당기는 사랑의 당연한 과정이지만, 그는 죽을 것 같은 심정으로 무수한 석양을 흘려보내기도 했을 것이고, 약속 없는 이별을 예감하기도 했을 것이다. "창밖의 어둠"은 그런 시인의 갈증과 어둠이었을 것이고.

당신을 아스팔트 웅덩이에 남겨두고 돌아오던 그날 밤처럼
창밖의 어둠을 무너뜨리며 비가 오는데
무너진 틈으로 봄의 가로수들 한숨을 심는데
나의 도로 위에는 더럽혀진 경전이 뒹굴고 있어요
—「오후의 아스팔트」부분

　그러던 시인이 홀연 "꽃 한 송이" 피어날 것을 잠꼬대처럼 기대한다.

떨고 있던 가로등 아래서의 고백처럼 아직 사랑을 믿는다면
내 더럽혀진 계절에 당신의 부서진 홀씨를 심겠어요
언젠가 홀씨가 앉은 오래된 오후의 아스팔트에서
잠꼬대처럼 꽃 한 송이 피어날까요
—「오후의 아스팔트」부분

위의 시는 표면적으로는 유형화된 센티멘털 로맨티시즘의 발로처럼 보이고, 이 시집에는 그런 로맨티시즘을 표상하는 듯한 자연은유들이 숱하게 등장하는 것도 사실이다. 그런 시적 '백일몽'이란 비약이 아니면 도약인 것이어서, 다음과 같은 어둠 속의 '악몽'이 없었다면, 아마도 이 시는 바람 빠진 연가(戀歌) 정도에 머물 뻔했다. 그렇게 '백일몽'과 '악몽'이 그의 시세계 안에서는 은유의 육체를 내밀하게 쓰다듬고 있다.

    베개 위에 사내의 머리가 누워 있다
    베개는 둘 머리는 하나
    베개 위에 내가 누워 있다
    나는 베개 위의 나를 바라보고 있다
    두 베개 위에 한 사내의 머리가 누워 있다
    나인 듯도 한 사내의 머리가 누워 있다
    어둠 속에서
    비어 있던 베개 위에 누군가 모로 누워
    눈 감은 사내를 바라보고 있다
    어디서 본 듯도 한 이가
    옆 베개에 누워 눈 감은 나를 바라보고 있다
    누굴까—
    눈을 떠야 하는데—
    소리가 되지 못한 메아리만 새까만 방을 떠돌고
    눈을 떠야 하는데—
    하수구에서 튀어나온 검은 고양이가
    내 눈과 목소리를 물고 사라진다

귀만 남는다

　　　　　　　　　　　―「소리의 방 2」 전문

　베개 위의 두 사내는 누구일까. 시의 종결부를 보면 "검은 고양이" 같기도 하다. 그런데 "나"와 "사내"는 한 베개를 베고 있지만, 서로가 서로를 "누굴까" 하며 궁금해하고 있다는 점에서, 미묘한 느낌을 자아낸다. 가령 윤동주 식으로 사내가 미워져서 우물가로 돌아가거나, 빈방에 누워 백골이 된 '나'와 그런 그를 바라보는 '또 다른 나'와 "지조 깊은 개"가 밤새 울고 있는 것처럼, "검은 고양이"의 존재가 제시되고 있다는 점에서 시적 상황은 비슷하지만, 이 "사내"를 단지 시인의 또 다른 자아(alter ego)로 단정하는 것은 지혜로운 독법이 아니다.
　몸은 휘발되고, 자의식도 이완된 이후 "귀만 남는다"는 상황 이후에 시인이 듣고 있는 것은 아마도 '소리'일 것이다. 그래도 "새까만 방"의 기척을 시인이 눈치채고 있음은 놀랍다. 물론 얼마의 시간이 흐르자 시인의 귀도 밝아진다.

　　　어둠이 하도 짙어
　　　불을 켜야 잠들 수 있는 밤
　　　비가 온다

　　　칠판에 분필 튀는 소리

　　　글씨들을 읽고 또 읽는다
　　　어두운 벽 아래 쭈그리고 앉았을 풀들의

소곤소곤 킥킥대는 소리까지 읽힌다
여지없이 빗방울이 날아가고

내일은
풀들의 이마에서
햇살이 튀어 오르는 소리

—「소리의 방 3」 전문

 그런데 밝아진 귀는 소리를 듣기도 하고 읽기도 한다. 시인에게 '귀'는 감각적 자극을 받아들이는 동시에 그것을 지각 작용으로 전환시키는 공감각적 통로이다. 그렇게 본다면 늦은 밤 비 오는 소리를 섬세하게 선별하는 '귀'의 달팽이관은 밖으로 열려 있을 뿐만 아니라, 안으로 환하게 뚫려 있다는 가정도 가능하다. 풀들의 소리는 물론이거니와 감각적으로는 지각이 불가능한 햇살 튀는 소리까지 듣고 있는 것으로 봐서, 이 시인의 공감각은 "소리" 안에서 통일되는 것처럼 보인다. 그런데 생각해보면, 소리란 원래 공기의 움직임이고 파동일 것이니, 우리가 듣는 소리는 동시에 달팽이관을 난타하는 파동을 감각하는 일이기도 하겠다. 그러니 소리를 듣는 일은 그것을 촉지하는 일의 일종일 수도 있는 것이다.

 그러나 왜 하필 소리란 말인가. 시인의 상상지도 속에서 소리는 마치 프루스트가 마들렌 과자에서 추억을 끌어당긴 감각으로 제시한 후각과 비슷한 것인지도 모른다. 「사철나무 그늘 안에서」라는 작품을 보면 실제로 그는 "그늘 삭는 냄새"는 물론 "그늘 낳는 냄새"도 맡을 정도로 민감하다. 그러면서 그는 "먼

데 있던 추억이 찾아오는지 낯빛이 좋다"고 시인의 자아임에 분명한 "버려진 냉장고"를 품평하고 있다.

> 냉장고가 오늘은 비를 맞는다
> 먼 데 있던 추억이 찾아오는지 낯빛이 좋다
>
> 벽 너머 그녀의 인기척이 사라진 것은
> 라일락 동산에서 보리를 뽑아
> 바람을 키워야 하기 때문이다
>
> ―「사철나무 그늘 안에서」 부분

　그 소리의 원형은 아마도 섬에서 시도 때도 없이 불고 있었던 "바람"이었을 것이다. 그러한 물리적인 회상 속의 감각적 기억과 함께, 시인에게 바람은 이런 표현이 가능하다면, 피안(彼岸)에서 온 메신저와 같은 존재론적 위상을 보여주는 것처럼 보인다. 사실 고대의 샤먼들에게 바람은 '신의 숨결'과 같은 비가시적이지만, 명백하게 초월적 의미를 거느린 실체로서 간주되었다. 「창세기」의 야훼가 인간을 완성시키는 최후의 행위가 그의 숨결을 아담에게 불어넣는 일이었던 데서 암시되듯, 바람은 생명의 원천이고 초월적 존재의 재귀(再歸) 가능성을 강력하게 암시하는 자연현상으로 지각되었던 것이다.
　그런 점에서 김일영의 시에서 소리-바람이 가변적인 현실의 한계를 뛰어넘은 초월성의 절대적 지평으로 자주 은유화되거나 지각되는 데는 그럴 만한 이유가 있는 것이다.

간절히 손을 내밀지만
저 주검을 끌어당겨줄 바람은
오지 않는다

타이어는 짓밟힌 새를 거듭 짓밟고 가지만
솜털 깊숙이 기억된 항로가
바람을 붙잡는다

아스팔트를 뽑아 일으키며 날아갈
바람의 씨앗,
깃털이 죽지 않고 손을 든다
―「깃털이 죽지 않고」 전문

시인은 자신의 삶을 거듭 "짓밟힌 새"에 비유하면서도, 그런 자신에게는 그 짓밟힘의 삶을 초월하는 "기억된 항로"가 오히려 생생하다는 것을 "바람을 붙잡는다"는 표현을 통해 비장하게 선언하고 있다. 거기서 더 나아가 시인은 격정적으로 "아스팔트를 뽑아 일으키며 날아갈/바람의 씨앗,/깃털이 죽지 않고 손을 든다"는 시적 진술을 통해 마술적 상승에의 의지를 기꺼이 피력하고 있다. 그러나 이 초월에의 의지가 항상 성공적인 것은 아니다.

마력에 가까운 시인의 내면적 기도(企圖)가 현실 속에서 무참히 패배할 때면, 그는 이렇게 비관적이 되기도 하는 것이다.

죄 없이 죽은 숨결처럼 바람도 없이

안개는 누구를 위해 바다를 숨겨두는 것일까

추억이 있는 것들만 눈을 가진 안개 속에서
우리를 데려가는 것의 뒷모습은 보이지 않고
이제 언 손을 어디에 두어야 할까

그러나
우리는 바람이 불지 않아도 떠도는 낙엽
안개가 걷히면 가라앉을 낙엽

—「안개 속의 풍경」부분

　안개로 상징되는 밀도 높은 전망의 폐색 상황을 시인은 "바람이 불지 않"는다고 말하고 있으며, 이처럼 초월에의 기대가 봉쇄된 현실 속에서의 삶을 "떠도는 낙엽"과 같다고 표현하고 있다. 바람이 없는데 낙엽이 떠도는 것은 모순이다. 그러나 시인의 상상세계 속에서는 그런 떠돎이 가능하고, 그것은 초월성이 실종된 현실에 대한 비유처럼 느껴진다. 물론 시인이 비관적으로 표현하고 있는 것처럼, "죽은 숨결"로 전락하고 있는 현실을 당연시하고 있는 것은 아니다. 반대로 시인은 "바람의 씨앗"이 거듭된 좌절에도 불구하고, 현실 속에서 기적처럼 "손"을 들 수 있으며, 그래야 한다는 희망을 기꺼이 피력한다. 그럴 때면 시인에게는 비천한 삶을 견뎌내고 있는 식용 개의 울음소리조차 "먼— 먼— 하며" 우는 것처럼 느껴진다.

요강에 늙은 어미 오줌 누는 소리

살얼음 되어 깔리고
근처에서 사육되는 식용(食用) 개가 운다

사내는 마리아 닮은 탤런트를 눕히고
묵은내 나는 이불에 담겨 자위를 한다

두 발로 걷게 하시고
손과 손가락도 주시어
스스로를 위로하도록 하셨음일까

홀로 뭉친 눈덩이 아무도 몰래 버려지고
저 많은 밤하늘의 구멍을
울음소리로 하나씩 메우며
개가 운다
먼— 먼— 하며 운다

— 「성탄절」 전문

성(聖)과 속(俗)이 기묘하게 균형을 취하고 있는 위의 시에서 자위하고 있는 사내는 울고 있는 "식용 개"의 울음소리를 듣고 있다. 아니 정확하게는 그 개의 울음소리에서 "먼— 먼— 하며" 울고 있는 스스로의 울음소리와 공명(共鳴)하거나 대면하고 있다. 이 기묘한 개-사람의 울음소리는 속된 몸을 입고 있으면서도, 끝내 성스러운 초월성에 대한 비원을 버릴 수 없는 시인의 내적 현실을 투명하게 대조적으로, 그러면서도 착잡하게 병치시켜 보여준다.

그렇게 보면, 김일영의 말랑말랑한 '귀'가 듣고 있는 '소리'들은 죄다 자기 안의 울음소리인 것과 동시에, 그가 악무한적인 현실 속에서 시선을 들어 기도하듯 찾고 있는 초월적인 절대자로부터 들려오는 계시(啓示)와도 같은 초월성의 재귀에 대한 필사적인 간구이기도 한 것이다. 그래서 김일영의 시적 태도는 시인 릴케가 절대적인 고독 속에서 찾고자 했던 신성(神聖)에 대한 그 가열한 시적 추구와 형태는 다르지만 정신사적으로는 닮아 있다. 연가풍의 서정성이 풍부하게 발성될 때조차, 김일영은 가시적인 현실 너머에 있는 초월적 신성의 현현에 대한 꿈을 버리지 않고 있다. 그러나 그러한 시적인 초월에의 목표에 도달하는 사다리는 단지 '언어'가 아니다. 그것은 감각과 지각의 공감각 작용을 통해서야 가능해지는 '몸'의 지문이고, 그 몸이 횡단해왔던 장소와 그 장소에 깃들거나 단련된 기억의 육체다.

김일영이 달팽이관을 열어 감각하거나 지각하고 있는 소리에 대한 그 공감각적 추구는, 최근의 젊은 시세계에서 자취를 감추다시피 한 형이상학적 열망과 초월성에 대한 추구를 이례적으로 강력하게 환기시키고 있다. 언어와 감각에 대한 시적 실험이 초월에 이르는 사다리가 아니라, 쇄말적 현실에 대한 환멸의 결과일 단말마의 비명으로 전락하고 있는 듯한 오늘의 시적 현실에서, 그의 작업은 고독한 단독자적 추구에 가깝게 고립되어 있는 듯 보이지만, 사실은 그래서 더 가치 있고 의미 있는 시적 작업이라 할 수 있다. 더구나 그것이 풍부한 기억과 회상의 장소에서 동심원을 확장하면서 현실의 육체를 더 밀도 높게 수용하는 방향으로 나아가고 있기에 우리는 이 시인을 신뢰할 만하며, 또 그의 시작 행위를 기꺼이 주목하게 되는 것이다. 그런 까닭에 나는 "먼— 먼— 하며" 울던 개의 표정이 문득 궁금해지는 것이다.

시인의 말

먼 곳에서 등대가 깜박인다. 노래를 찾아 내 칠정(七情)의 배는 언제나 어둠 속을 떠돈다.

노래의 입구에 간신히 다가가면 입구는 숙취만 남기고 사라진다.

일그러진 내 얼굴과 싸우고 돌아온 아침이면 물컹물컹한 어둠을 사랑하게 된 내 허영이 끔찍했다.

어느 작은 섬에 잠시 정박해 생각한다.

물고기가 어떻게 새가 되었는지를. 소리를 관통한 리듬이 어떤 종류의 간절함이었는지를.

살려 했던 절실함에서 살리고자 하는 간절함으로의 변화, 그 사이에서 나오는 노래를.

한 권의 시집이 세상에 나오는 데 많은 분들의 고된 시간이 있었다. 고맙고 미안하다.

―2009년 5월 명륜동에서, 김일영

실천시선 181
삐비꽃이 아주 피기 전에

2009년 5월 11일 1판 1쇄 펴냄
2015년 5월 20일 1판 5쇄 펴냄

지은이	김일영
펴낸이	김남일
편집	이호석, 박성아, 이승한
디자인	김현주
관리·영업	김태일, 박윤혜

펴낸곳	(주)실천문학
등록	10-1221호(1995.10.26.)
주소	서울특별시 마포구 월드컵로10길 48 501호(서교동, 동궁빌딩)
전화	322-2161~5
팩스	322-2166
홈페이지	www.silcheon.com

ⓒ 김일영, 2009
ISBN 978-89-392-2181-9 03810

이 시집은 2009년 한국문화예술위원회의 문예진흥기금을 받았습니다.
이 책 내용의 전부 또는 일부를 재사용하려면
반드시 지은이와 실천문학사 양측의 동의를 받아야 합니다.